suhrkamp
pocket

Max Frischs legendäre Sammlung von elf Fragebogen zu existentiellen Themen wie Freundschaft, Ehe, Heimat oder Humor wird hier in einer erweiterten Fassung vorgelegt: Hinzu kommen drei neue Fragebogen aus dem Nachlass von Max Frisch zu Moral, Alkohol und Technik. Auch diese ebenso erhellenden wie amüsanten Fragebogen laden durch die Intensität der Fragestellungen dazu ein, über sich selbst nachzudenken und mit anderen ins Gespräch zu kommen.

Max Frisch, geboren am 15. Mai 1911 in Zürich, starb dort am 4. April 1991. In fast sechs Jahrzehnten entstanden Romane, Theaterstücke, Tagebücher, Erzählungen, Hörspiele und Essays. Viele davon wurden zu Klassikern der Weltliteratur.

Max Frisch

FRAGEBOGEN

Erweiterte Ausgabe

Herausgegeben von
Tobias Amslinger und
Thomas Strässle

Suhrkamp

9. Auflage 2025

Erste Auflage 2019
suhrkamp taschenbuch 5008

Umschlaggestaltung: Nach Entwürfen von Harald Michaelis
Druck und Bindung: C.H. Beck, Nördlingen
Printed in Germany
978-3-518-47008-4

Suhrkamp Verlag GmbH
Torstraße 44, 10119 Berlin
info@suhrkamp.de
www.suhrkamp.de

FRAGEBOGEN I

1. Sind Sie sicher, dass Sie die Erhaltung des Menschengeschlechts, wenn Sie und alle Ihre Bekannten nicht mehr sind, wirklich interessiert?

2. Warum? Stichworte genügen.

3. Wie viele Kinder von Ihnen sind nicht zur Welt gekommen durch Ihren Willen?

4. Wem wären Sie lieber nie begegnet?

5. Wissen Sie sich einer Person gegenüber, die nicht davon zu wissen braucht, Ihrerseits im Unrecht und hassen Sie eher sich selbst oder die Person dafür?

6. Möchten Sie das absolute Gedächtnis?

7. Wie heißt der Politiker, dessen Tod durch Krankheit, Verkehrsunfall usw. Sie mit

Hoffnung erfüllen könnte? Oder halten Sie keinen für unersetzbar?

8. Wen, der tot ist, möchten Sie wiedersehen?

9. Wen hingegen nicht?

10. Hätten Sie lieber einer andern Nation (Kultur) angehört und welcher?

11. Wie alt möchten Sie werden?

12. Wenn Sie Macht hätten zu befehlen, was Ihnen heute richtig scheint, würden Sie es befehlen gegen den Widerspruch der Mehrheit? Ja oder Nein.

13. Warum nicht, wenn es Ihnen richtig scheint?

14. Hassen Sie leichter ein Kollektiv oder eine bestimmte Person, und hassen Sie lieber allein oder in einem Kollektiv?

15. Wann haben Sie aufgehört zu meinen, dass Sie klüger werden, oder meinen Sie's noch? Angabe des Alters.

16. Überzeugt Sie Ihre Selbstkritik?

17. Was, meinen Sie, nimmt man Ihnen übel und was nehmen Sie sich selber übel, und wenn es nicht dieselbe Sache ist: wofür bitten Sie eher um Verzeihung?

18. Wenn Sie sich beiläufig vorstellen, Sie wären nicht geboren worden: beunruhigt Sie diese Vorstellung?

19. Wenn Sie an Verstorbene denken: wünschten Sie, dass der Verstorbene zu Ihnen spricht, oder möchten Sie lieber dem Verstorbenen noch etwas sagen?

20. Lieben Sie jemand?

21. Und woraus schließen Sie das?

22. Gesetzt den Fall, Sie haben nie einen Menschen umgebracht: wie erklären Sie es sich, dass es dazu nie gekommen ist?

23. Was fehlt Ihnen zum Glück?

24. Wofür sind Sie dankbar?

25. Möchten Sie lieber gestorben sein oder noch eine Zeit leben als ein gesundes Tier? Und als welches?

FRAGEBOGEN II

1. Ist die Ehe für Sie noch ein Problem?

2. Wann überzeugt Sie die Ehe als Einrichtung mehr: wenn Sie diese bei andern sehen oder in Ihrem eignen Fall?

3. Was haben Sie andern öfter geraten:
a. dass sie sich trennen?
b. dass sie sich nicht trennen?

4. Kennen Sie auch Versöhnungen, die keine Narben hinterlassen auf der einen oder auf der andern oder auf beiden Seiten?

5. Welche Probleme löst die gute Ehe?

6. Wie lange leben Sie durchschnittlich mit einem Partner zusammen, bis die Aufrichtigkeit vor sich selbst schwindet, d. h., dass Sie auch im Stillen nicht mehr zu denken wagen, was den Partner erschrecken könnte?

7. Wie erklären Sie es sich, dass Sie bei sich selbst oder beim Partner nach einer Schuld suchen, wenn Sie an Trennung denken?

8. Hätten Sie von sich aus die Ehe erfunden?

9. Fühlen Sie sich identisch mit den gemeinsamen Gewohnheiten in Ihrer derzeitigen Ehe? Und wenn nicht: glauben Sie, dass Ihr ehelicher Partner sich identisch fühlt mit diesen Gewohnheiten, und woraus schließen Sie das?

10. Wann macht Sie die Ehe eher nervös:
a. im Alltag?
b. auf Reisen?
c. wenn Sie allein sind?
d. in Gesellschaft mit vielen?
e. unter vier Augen?
f. abends?
g. morgens?

11. Entwickelt sich in der Ehe ein gemeinsamer Geschmack (wie die Möblierung ehelicher Wohnung vermuten lässt), oder

findet für Sie beim Kauf einer Lampe, eines Teppichs, einer Vase usw. jeweils eine stille Kapitulation statt?

12. Wenn Kinder vorhanden sind: fühlen Sie sich den Kindern gegenüber schuldig, wenn es zur Trennung kommt, d. h., glauben Sie, dass Kinder ein Anrecht haben auf unglückliche Eltern? Und wenn ja: bis zu welchem Lebensalter der Kinder?

13. Was hat Sie zum Eheversprechen bewogen:
a. Bedürfnis nach Sicherheit?
b. ein Kind?
c. die gesellschaftlichen Nachteile eines unehelichen Zustandes, Umständlichkeiten in Hotels, Belästigung durch Klatsch, Taktlosigkeiten, Komplikationen mit Behörden oder Nachbarn usw.?
d. das Brauchtum?
e. Vereinfachung des Haushalts?
f. Rücksicht auf die Familien?
g. die Erfahrung, dass die uneheliche Verbindung gleichermaßen zur Gewöhnung

führt, zur Ermattung, zur Alltäglichkeit usw.?
h. Aussicht auf eine Erbschaft?
i. Hoffnung auf Wunder?
k. die Meinung, es handle sich lediglich um eine Formalität?

14. Hätten Sie der standesamtlichen oder der kirchlichen Formel für das Eheversprechen irgendetwas beizufügen:
a. als Frau?
b. als Mann?
(Bitte um genauen Text)

15. Falls Sie sich schon mehrere Male verehelicht haben: worin sind Ihre Ehen sich ähnlicher gewesen, in ihrem Anfang oder in ihrem Ende?

16. Wenn Sie vernehmen, dass ein Partner nach der Trennung nicht aufhört Sie zu beschuldigen: schließen Sie daraus, dass Sie mehr geliebt worden sind, als Sie damals ahnten, oder erleichtert Sie das?

17. Was pflegen Sie zu sagen, wenn es in Ihrem Freundeskreis wieder zu einer Scheidung kommt, und warum haben Sie's bisher den Beteiligten verschwiegen?

18. Können Sie zu beiden Seiten eines Ehepaares gleichermaßen offen sein, wenn sie es unter sich nicht sind?

19. Wenn Ihre derzeitige Ehe als glücklich zu bezeichnen ist: worauf führen Sie das zurück? (Stichworte genügen)

20. Wenn Sie die Wahl hätten zwischen einer Ehe, die als glücklich zu bezeichnen ist, und einer Inspiration, einer Intelligenz, einer Berufung usw., die das eheliche Glück möglicherweise gefährdet: was wäre Ihnen wichtiger:
a. als Mann?
b. als Frau?

21. Warum?

22. Meinen Sie erraten zu können, wie Ihr derzeitiger Partner diesen Fragebogen beantwortet? Und wenn nicht:

23. Möchten Sie seine Antworten wissen?

24. Möchten Sie umgekehrt, dass der Partner weiß, wie Sie diesen Fragebogen beantwortet haben?

25. Halten Sie Geheimnislosigkeit für ein Gebot der Ehe, oder finden Sie, dass gerade das Geheimnis, das zwei Menschen voreinander haben, sie verbindet?

FRAGEBOGEN III

1. Tun Ihnen die Frauen leid?

2. Warum? (Warum nicht?)

3. Wenn in den Händen und Augen und Lippen einer Frau sich Erregung ausdrückt, Begierde usw., weil Sie sie berühren: beziehen Sie das auf sich persönlich?

4. Wie stehen Sie zu Männern:
a. wenn Sie der Nachfolger sind?
b. wenn Sie der Vorgänger sind?
c. wenn Sie dieselbe Frau gleichzeitig lieben?

5. Haben Sie Ihre Lebensgefährtin gewählt?

6. Kommt es nach Jahr und Tag zum freundlichen Wiedersehen mit früheren Gefährtinnen: überzeugt Sie dann Ihre einstige Paarschaft, oder verwundert es Sie, d. h., haben Sie dann den Eindruck, dass

Ihre berufliche Arbeit und Ihre politischen Ansichten sie wirklich interessiert haben, oder scheint es Ihnen heute, dass man sich alle diesbezüglichen Gespräche hätte sparen können?

7. Befremdet Sie eine kluge Lesbierin?

8. Meinen Sie zu wissen, wodurch Sie die Liebe einer Frau gewinnen, und wenn es sich eines Tages herausstellt, wodurch Sie die Liebe einer Frau tatsächlich gewonnen haben: zweifeln Sie an ihrer Liebe?

9. Was bezeichnen Sie als männlich?

10. Haben Sie hinreichende Beweise dafür, dass sich die Frauen für bestimmte Arbeiten, die der Mann für sich als unwürdig empfindet, besonders eignen?

11. Was hat Sie am häufigsten verführt:
a. Mütterlichkeit?
b. dass Sie sich bewundert wähnen?
c. Alkohol?

d. die Angst, kein Mann zu sein?
e. Schönheit?
f. die voreilige Gewissheit, dass Sie der überlegene Teil sein werden und sei es als liebevoller Beschützer?

12. Wer hat den Kastrationskomplex erfunden?

13. In welchem der beiden Fälle sprechen Sie liebevoller von einer vergangenen Partnerschaft: wenn Sie eine Frau verlassen haben oder wenn Sie verlassen worden sind?

14. Lernen Sie von einer Liebesbeziehung für die nächste?

15. Wenn Sie mit Frauen immer wieder dieselbe Erfahrung machen: denken Sie, dass es an den Frauen liegt, d. h., halten Sie sich infolgedessen für einen Frauenkenner?

16. Möchten Sie Ihre Frau sein?

17. Woher wissen Sie mehr über die intimen Beziehungen zwischen den Geschlechtern: aus dem Gespräch mit andern Männern oder aus dem Gespräch mit Frauen? Oder erfahren Sie das meiste ohne Gespräch: aus den Reaktionen der Frauen, d. h., indem Sie merken, was Frauen gewohnt sind und was nicht, was sie von einem Mann erwarten, befürchten usw.?

18. Wenn Sie das Gespräch mit einer Frau anregt: wie lange gelingt es Ihnen, ein solches Gespräch zu führen, ohne beiläufig auf Gedanken zu kommen, die Sie verschweigen, weil sie nicht zum Thema gehören?

19. Können Sie sich eine Frauenwelt vorstellen?

20. Was trauen Sie der Frau nicht zu:
a. Philosophie?
b. Organisation?
c. Kunst?
d. Technologie?
e. Politik?

und bezeichnen Sie daher eine Frau, die sich nicht an Ihr männliches Vorurteil hält, als unfraulich?

21. Was bewundern Sie an Frauen?

22. Möchten Sie von einer Frau ausgehalten werden:
a. durch ihre Erbschaft?
b. durch ihre Berufsarbeit?

23. Und warum nicht?

24. Glauben Sie an Biologie, d.h., dass das derzeitige Verhältnis zwischen Mann und Frau unabänderlich ist, oder halten Sie es beispielsweise für ein Resultat der jahrtausendelangen Geschichte, dass die Frauen für ihre Denkweise keine eigene Grammatik haben, sondern auf die männliche Sprachregelung angewiesen sind und infolgedessen unterlegen?

25. Warum müssen wir die Frauen nicht verstehen?

FRAGEBOGEN IV

1. Wissen Sie in der Regel, was Sie hoffen?

2. Wie oft muss eine bestimmte Hoffnung (z. B. eine politische) sich nicht erfüllen, damit Sie die betroffene Hoffnung aufgeben, und gelingt Ihnen dies, ohne sich sofort eine andere Hoffnung zu machen?

3. Beneiden Sie manchmal Tiere, die ohne Hoffnung auszukommen scheinen, z. B. Fische in einem Aquarium?

4. Wenn eine private Hoffnung sich endlich erfüllt hat: wie lange finden Sie in der Regel, es sei eine richtige Hoffnung gewesen, d. h., dass deren Erfüllung so viel bedeutete, wie Sie jahrzehntelang gemeint haben?

5. Welche Hoffnung haben Sie aufgegeben?

6. Wie viele Stunden im Tag oder wie viele Tage im Jahr genügt Ihnen die herabgesetzte Hoffnung: dass es wieder Frühling wird, dass die Kopfschmerzen verschwinden, dass etwas nie an den Tag kommt, dass Gäste aufbrechen usw.?

7. Kann Hass eine Hoffnung erzeugen?

8. Hoffen Sie angesichts der Weltlage:
a. auf die Vernunft?
b. auf ein Wunder?
c. dass es weitergeht wie bisher?

9. Können Sie ohne Hoffnung denken?

10. Können Sie einen Menschen lieben, der früher oder später, weil er Sie zu kennen meint, wenig Hoffnung auf Sie setzt?

11. Was erfüllt Sie mit Hoffnung:
a. die Natur?
b. die Kunst?
c. die Wissenschaft?
d. die Geschichte der Menschheit?

12. Genügen Ihnen die privaten Hoffnungen?

13. Gesetzt den Fall, Sie unterscheiden zwischen Ihren eignen Hoffnungen und den Hoffnungen, die andere (Eltern, Lehrer, Kameraden, Liebespartner) auf Sie setzen: bedrückt es Sie mehr, wenn sich die ersteren oder wenn sich die letzteren nicht erfüllen?

14. Was erhoffen Sie sich von Reisen?

15. Wenn Sie jemand in einer unheilbaren Krankheit wissen: machen Sie ihm dann Hoffnungen, die Sie selber als Trug erkennen?

16. Was erwarten Sie im umgekehrten Fall?

17. Was bekräftigt Sie in Ihrer persönlichen Hoffnung:
a. Zuspruch?
b. die Einsicht, welchen Fehler Sie gemacht haben?
c. Alkohol?
d. Ehrungen?
e. Glück im Spiel?

f. ein Horoskop?
g. dass sich jemand in Sie verliebt?

18. Gesetzt den Fall, Sie leben in der Großen Hoffnung (»dass der Mensch dem Menschen ein Helfer ist«) und haben Freunde, die sich aber dieser Hoffnung nicht anschließen können: verringert sich dadurch Ihre Freundschaft oder Ihre große Hoffnung?

19. Wie verhalten Sie sich im umgekehrten Fall, d. h., wenn Sie die große Hoffnung eines Freundes nicht teilen: fühlen Sie sich jedes Mal, wenn er die Enttäuschung erlebt, klüger als der Enttäuschte?

20. Muss eine Hoffnung, damit Sie in ihrem Sinn denken und handeln, nach Ihrem menschlichen Ermessen erfüllbar sein?

21. Keine Revolution hat je die Hoffnung derer, die sie gemacht haben, vollkommen erfüllt; leiten Sie aus dieser Tatsache ab, dass die große Hoffnung lächerlich ist, dass Revolution sich erübrigt, dass nur der

Hoffnungslose sich Enttäuschungen erspart usw., und was erhoffen Sie sich von solcher Ersparnis?

22. Hoffen Sie auf ein Jenseits?

23. Wonach richten Sie Ihre täglichen Handlungen, Entscheidungen, Pläne, Überlegungen usw., wenn nicht nach einer genauen oder vagen Hoffnung?

24. Sind Sie schon einen Tag lang oder eine Stunde lang tatsächlich ohne Hoffnung gewesen, auch ohne die Hoffnung, dass alles einmal aufhört wenigstens für Sie?

25. Wenn Sie einen Toten sehen: welche seiner Hoffnungen kommen Ihnen belanglos vor, die unerfüllten oder die erfüllten?

FRAGEBOGEN V

1. Wenn Sie jemand dazu bringen, dass er den Humor verliert (z. B. weil Sie seine Scham verletzt haben), und wenn Sie dann feststellen, der betroffene Mensch habe keinen Humor: finden Sie, dass Sie deswegen Humor haben, weil Sie jetzt über ihn lachen?

2. Wie unterscheiden sich Witz und Humor?

3. Wenn Sie spüren, dass Ihnen jemand mit Antipathie begegnet: was gelingt Ihnen dann eher, Witz oder Humor?

4. Halten Sie's für Humor:
a. wenn wir über Dritte lachen?
b. wenn Sie über sich selbst lachen?
c. wenn Sie jemand dazu bringen, dass er, ohne sich zu schämen, über sich selber lachen kann?

5. Wenn Sie alles Lachen abziehen, das auf Kosten von Dritten geht: finden Sie, dass Sie oft Humor haben?

6. Woran merken Sie es zuerst, wenn Sie in einer Gesellschaft alle Sympathie verspielt haben: verschließt man sich Ihrer ernsten Argumentation, Ihren Kenntnissen usw., oder kommt einfach die Art von Humor, die Ihnen eigen wäre, nicht mehr an, d. h., dass Sie humorlos werden?

7. Haben Sie Humor, wenn Sie allein sind?

8. Wenn Sie von einem Menschen sagen, er habe Humor: meinen Sie damit, dass er Sie zum Lachen bringt oder dass es Ihnen gelingt, ihn zum Lachen zu bringen?

9. Kennen Sie Tiere mit Humor?

10. Was gibt Ihnen unversehens das Vertrauen, dass Sie sich mit einer Frau intim verstehen könnten: ihre Physiognomie, ihre Lebensgeschichte, ihre Glaubensbekenntnisse

usw. oder ein erstes Zeichen, dass man im Humor übereinstimmt, wenn auch keineswegs in Meinungsfragen?

11. Was offenbart Affinität im Humor:
a. Gleichartigkeit des Intellekts?
b. dass zwei oder mehrere Menschen übereinstimmen in ihrer Fantasie?
c. Verwandtschaft in der Scham?

12. Wenn Ihnen bewusst ist, dass Sie im Augenblick tatsächlich keinen Humor haben: erscheint Ihnen dann der Humor, den Sie zuweilen haben, als ein oberflächliches Verhalten?

13. Können Sie sich eine Ehe ohne Humor vorstellen?

14. Was versetzt Sie eher in Eifersucht: dass die Person, die Sie lieben, eine andere Person küsst, umarmt usw. oder dass es dieser andern Person gelingt, Humor zu befreien, den Sie an Ihrem Partner nicht kennen?

15. Warum scheuen Revolutionäre den Humor?

16. Können Sie einen Menschen oder eine Gesellschaftsschicht, die Sie aus politischen Gründen hassen, mit Humor sehen (nicht bloß mit Witz), ohne dabei den Hass zu verlieren?

17. Gibt es einen klassenlosen Humor?

18. Wenn Sie ein Untergebener sind: halten Sie es für Humor, wenn der Vorgesetzte über Ihre ernsten Beschwerden und Forderungen lächelt, d. h. für einen Mangel an Humor, wenn Sie nicht auch lächeln, oder lachen Sie dann, bis der Vorgesetzte seinen Humor einstellt, und womit erreichen Sie noch weniger?

19. Kommt es vor, dass Sie sich im Humor als ein anderer entpuppen, als Sie gerne sein möchten, d. h., dass Sie der eigene Humor erschreckt?

20. Entsteht Humor nur aus Resignation?

21. Gesetzt den Fall, Sie haben die Gabe, jedermann zum Lachen zu bringen, und Sie gebrauchen diese Gabe in jeder Gesellschaft, sodass Sie nachgerade als Humorist bekannt sind – was versprechen Sie sich davon:
a. Kommunikation?
b. dass Sie's mit niemand verderben?
c. dass Sie eine Infamie loswerden und nachher sagen können, es sei Humor gewesen und wenn der Betroffene keinen Humor verstehe usw.?
d. dass Sie sich selber nie langweilen?
f. dass Ihnen in einer Sache, die mit Argumenten nicht zu vertreten ist, die Lacher trotzdem recht geben?

22. Was ertragen Sie nur mit Humor?

23. Wenn Sie in der Fremde leben und erfahren müssen, dass Ihr eigentlicher Humor sich nie mitteilt: können Sie sich damit abfinden, dass es eine Verständigung nur im Ernst gibt, oder werden Sie sich dadurch selber fremd?

24. Verändert im Alter sich der Humor?

25. Wie meinen Sie im Humor zu sein:
a. versöhnlich?
b. frei von Ehrgeiz?
c. angstlos?
d. unabhängig von Moral?
e. sich selbst überlegen?
f. kühner als sonst?
g. frei von Selbstmitleid?
h. aufrichtiger als sonst?
i. lebensdankbar?

26. Gesetzt den Fall, Sie glauben an einen Gott: kennen Sie ein Anzeichen dafür, dass er Humor hat?

FRAGEBOGEN VI

1. Hassen Sie Bargeld?

2. Warum?

3. Haben Sie schon ohne Bargeld leben müssen?

4. Wenn Sie einen Menschen in der Badehose treffen und nichts von seinen Lebensverhältnissen wissen: woran erkennen Sie nach einigem Gespräch (nicht über Geld) trotz allem den Reichen?

5. Wie viel Geld möchten Sie besitzen?

6. Gesetzt den Fall, Sie sind bedürftig und haben einen reichen Freund, der Ihnen helfen will, und er gibt Ihnen eine beträchtliche Summe (zum Beispiel damit Sie studieren können) und gelegentlich auch Anzüge von sich, die noch solid sind: was nehmen Sie unbefangener an?

7. Haben Sie schon gestohlen:
a. Bargeld?
b. Gegenstände (ein Taschenbuch am Kiosk, Blumen aus einem fremden Garten, eine Erstausgabe, Schokolade auf einem Camping-Platz, Kugelschreiber, die umherliegen, ein Andenken an einen Toten, Handtücher im Hotel usw.)?
c. eine Idee?

8. Solange Sie kein Vermögen und ein schwaches Einkommen haben, reden die Reichen vor Ihnen ungern über Geld und umso lebhafter über Fragen, die mit Geld nicht zu lösen sind, z. B. über Kunst: empfinden Sie dies als Takt?

9. Was halten Sie von Erbschaft:
a. wenn Sie eine in Aussicht haben?
b. wenn nicht?
c. wenn Sie einen Säugling betrachten und dabei wissen, dass er, wie immer er sich entwickle, die Hälfte einer Fabrik besitzen wird oder eine Villa, ein Areal, das keine Inflation zu fürchten braucht, ein

Ferienhaus auf Sardinien, fünf Miethäuser in der Vorstadt?

10. Sind Sie ein Sparer? Und wenn ja:

11. Erklären Sie, wieso die Staatsbank bestimmt, wie viel das Geld wert ist, das Sie als Lohn erhalten und gespart haben, und zu wessen Gunsten sich Ihre Ersparnisse plötzlich verflüchtigen?

12. Gesetzt den Fall, Sie stammen aus einfachen Verhältnissen und verfügen unversehens über ein großes Einkommen, sodass das Geld für Sie sozusagen keine Rolle mehr spielt: fühlen Sie sich als Person unverändert? Und wenn ja: finden das Ihre bisherigen Freunde auch, oder finden sie, das Geld spiele wohl eine Rolle, indem es Sie als Person deformiert?

13. Was kostet zurzeit ein Pfund Butter?

14. Wenn Sie in der Lage sein sollten, von Zinsen leben zu können: halten Sie sich deswegen nicht für einen Ausbeuter, weil Sie, obschon Sie von den Zinsen leben könnten, selber auch arbeiten?

15. Fürchten Sie sich vor den Armen?

16. Warum nicht?

17. Gesetzt den Fall, Sie sind ein großer Mäzen, d. h., Sie verteilen an Leute, die Sie persönlich schätzen, teilweise die beträchtlichen Zinsen aus der Arbeit andrer Leute: verstehen Sie die öffentliche Hochachtung, die Sie als Mäzen genießen, und Ihre eigene Unbefangenheit dabei?

18. Was tun Sie für Geld nicht?

19. Timon von Athen hat eines Tages, um die Freundschaft seiner Freunde zu prüfen, nur Schüsseln voll Wasser aufgetischt; er erfuhr dabei, was er eigentlich schon wusste, und gab sich bitter vor Enttäuschung über die Menschen, denn siehe, sie kamen immer nur seines Reichtums wegen und waren keine

wahren Freunde. Finden Sie seine großen Flüche über die andern berechtigt? Offenbar hatte der reiche Timon von Athen gemeint, Freundschaft kaufen zu können.

20. Möchten Sie eine reiche Frau?

21. Wie erklären Sie es sich, dass Sie als Reicher es gerne zeigen, wenn Sie sich etwas versagen, was Sie sich ohne weiteres leisten könnten (z. B. eine Yacht), und dass Sie sich fast kindlich freuen, wenn Sie irgendetwas besonders billig erworben haben, geradezu spottbillig, sodass jedermann es sich hätte leisten können, und warum sind Sie zugleich erpicht auf unersetzbare Objekte, beispielsweise Ikonen, Säbel, Porzellan aus der Ming-Zeit, Kupferstiche, Werke toter Meister, historische Münzen, Autographen, Gebetsteppiche aus Tibet usw.?

22. Was missfällt Ihnen an einem Neureichen:
a. dass er ohne Heraldik auskommt?
b. dass er vom Geld spricht?
c. dass er nicht von Ihnen abhängig ist?

23. Wie rechtfertigen Sie eignen Reichtum:
a. durch Gotteswillen?
b. dass Sie es einzig und allein Ihrer persönlichen Tüchtigkeit verdanken, d. h. durch die Annahme, dass andere Fähigkeiten, die sich nicht in Einkommen umsetzen, minderwertig seien?
c. durch würdiges Benehmen?
d. indem Sie sich sagen, dass nur die Reichen überhaupt eine Wirtschaft in Gang bringen können zum Gedeihen aller, d. h. durch Unternehmergeist?
e. durch Caritas?
f. durch Ihre höhere Bildung, die Sie einem ererbten Reichtum verdanken oder einer Stiftung?
g. durch asketische Lebensart?
h. durch vorbildliche Gewissenhaftigkeit in allen sittlichen Belangen, die das bürgerliche Profit-System nicht berühren, sowie durch Verinnerlichung der Gegebenheiten, Sensibilität für Kulturelles, Geschmack usw.?
i. indem Sie beträchtliche Steuern zahlen?
k. durch Gastgeberschaft?
l. indem Sie sich sagen, dass es seit Menschen-

gedenken immer Arme und Reiche gegeben hat und also immer geben wird, d. h., dass Sie gar keine Rechtfertigung brauchen?

24. Wenn Sie nicht aus eignem Entschluss (wie der heilige Franziskus), sondern umständehalber nochmals arm werden: wären Sie den Reichen gegenüber, nachdem Sie als Gleichgestellter einmal ihre Denkweise kennengelernt haben, so duldsam wie früher, wehrlos durch Respekt?

25. Haben Sie einmal eine Banknote mit dem Porträt eines großen Dichters oder eines großen Feldherrn, dessen Würde von Hand zu Hand geht, angezündet mit einem Feuerzeug und sich angesichts der Asche gefragt, wo jetzt der verbürgte Wert bleibt?

FRAGEBOGEN VII

1. Halten Sie sich für einen guten Freund?

2. Was empfinden Sie als Verrat:
a. wenn der andere es tut?
b. wenn Sie es tun?

3. Wie viele Freunde haben Sie zurzeit?

4. Halten Sie die Dauer einer Freundschaft (Unverbrüchlichkeit) für ein Wertmaß der Freundschaft?

5. Was würden Sie einem Freund nicht verzeihen:
a. Doppelzüngigkeit?
b. dass er Ihnen eine Frau ausspannt?
c. dass er Ihrer sicher ist?
d. Ironie auch Ihnen gegenüber?
e. dass er keine Kritik verträgt?
f. dass er Personen, mit denen Sie sich

verfeindet haben, durchaus schätzt und gerne mit ihnen verkehrt?
g. dass Sie keinen Einfluss auf ihn haben?

6. Möchten Sie ohne Freunde auskommen können?

7. Halten Sie sich einen Hund als Freund?

8. Ist es schon vorgekommen, dass Sie überhaupt gar keine Freundschaft hatten, oder setzen Sie dann Ihre diesbezüglichen Ansprüche einfach herab?

9. Kennen Sie Freundschaft mit Frauen:
a. vor Geschlechtsverkehr?
b. nach Geschlechtsverkehr?
c. ohne Geschlechtsverkehr?

10. Was fürchten Sie mehr: das Urteil von einem Freund oder das Urteil von Feinden?

11. Warum?

12. Gibt es Feinde, die Sie insgeheim zu Freunden machen möchten, um sie müheloser verehren zu können?

13. Wenn jemand in der Lage ist, Ihnen mit Geld zu helfen, oder wenn Sie in der Lage sind, jemand mit Geld zu helfen: sehen Sie darin eine Gefährdung der bisherigen Freundschaft?

14. Halten Sie die Natur für einen Freund?

15. Wenn Sie auf Umwegen erfahren, dass ein böser Witz über Sie ausgerechnet von einem Freund ausgegangen ist: kündigen Sie daraufhin die Freundschaft? Und wenn ja:

16. Wie viel Aufrichtigkeit von einem Freund ertragen Sie in Gesellschaft oder schriftlich oder unter vier Augen?

17. Gesetzt den Fall, Sie haben einen Freund, der Ihnen in intellektueller Hinsicht sehr überlegen ist: tröstet Sie seine Freundschaft darüber hinweg, oder zweifeln Sie insgeheim

an einer Freundschaft, die Sie sich allein durch Bewunderung, Treue, Hilfsbereitschaft usw. erwerben?

18. Worauf sind Sie aus dem natürlichen Bedürfnis nach Freundschaft öfter hereingefallen:
a. auf Schmeichelei?
b. auf Landsmannschaft in der Fremde?
c. auf die Einsicht, dass Sie sich eine Feindschaft in diesem Fall gar nicht leisten können, z. B. weil dadurch Ihre berufliche Karriere gefährdet wäre?
d. auf Ihren eignen Charme?
e. weil es Ihnen schmeichelt, wenn Sie jemand, der gerade Ansehen genießt, öffentlich als Freund bezeichnen können (mit Vornamen)?
f. auf ideologisches Einverständnis?

19. Wie reden Sie über verlorene Freunde?

20. Wenn es dahin kommt, dass Freundschaft zu etwas verpflichtet, was eigentlich Ihrem Gewissen widerspricht, und Sie haben es

um der Freundschaft willen getan: hat sich die betreffende Freundschaft dadurch erhalten?

21. Gibt es Freundschaft ohne Affinität im Humor?

22. Was halten Sie ferner für unerlässlich, damit Sie eine Beziehung zwischen zwei Personen nicht bloß als Interessen-Gemeinschaft, sondern als Freundschaft empfinden:
a. Wohlgefallen am andern Gesicht
b. dass man sich unter vier Augen einmal gehenlassen kann, d. h. das Vertrauen, dass nicht alles ausgeplaudert wird
c. politisches Einverständnis grosso modo
d. dass einer den andern in den Zustand der Hoffnung versetzen kann nur schon dadurch, dass er da ist, dass er anruft, dass er schreibt
e. Nachsicht
f. Mut zum offenen Widerspruch, aber mit Fühlern dafür, wie viel Aufrichtigkeit der andere gerade noch verkraften kann, und also Geduld

g. Ausfall von Prestige-Fragen
h. dass man dem andern ebenfalls Geheimnisse zubilligt, also nicht verletzt ist, wenn etwas auskommt, wovon er nie gesprochen hat
i. Verwandtschaft in der Scham
k. wenn man sich zufällig trifft: Freude, obschon man eigentlich gar keine Zeit hat, als erster Reflex beiderseits
l. dass man für den andern hoffen kann
m. die Gewähr, dass der eine wie der andere, wenn eine üble Nachrede über den andern im Umlauf ist, zumindest Belege verlangt, bevor er zustimmt
n. Treffpunkte in der Begeisterung
o. Erinnerungen, die man gemeinsam hat und die wertloser wären, wenn man sie nicht gemeinsam hätte
p. Dankbarkeit
q. dass der eine den andern gelegentlich im Unrecht sehen kann, aber deswegen nicht richterlich wird
r. Ausfall jeder Art von Geiz
s. dass man einander nicht festlegt auf Meinungen, die einmal zur Einigkeit führten,

d. h., dass keiner von beiden sich ein neues Bewusstsein versagen muss aus Rücksicht? (Unzutreffendes streichen.)

23. Wie groß kann dabei der Altersunterschied sein?

24. Wenn eine langjährige Freundschaft sich verflüchtigt, z. B. weil die neue Gefährtin eines Freundes nicht zu integrieren ist: bedauern Sie dann, dass Freundschaft einmal bestanden hat?

25. Sind Sie sich selber ein Freund?

FRAGEBOGEN VIII

1. Sind Sie stolz darauf, Vater zu sein?

2. Mögen Sie Kinder allgemein?

3. Sind Sie sicher, dass Sie von Ihren erwachsenen Kindern keine Dankbarkeit erwarten? Und wenn nicht: Dankbarkeit wofür? (Stichworte genügen)

4. Wollten Sie damals Vater werden?

5. Wenn Sie meinen, Ihre Kinder haben es besser, als Sie es gehabt haben: beglückt Sie das, oder meinen Sie es als Vorwurf?

6. Wie stehen Sie zum Säugling?

7. Hatten Sie das väterliche Verantwortungsbewusstsein schon vor der Zeugung oder während der Zeugung, oder wann hat es sich bei Ihnen eingestellt?

8. Was macht Sie an Kindern traurig?
a. Ähnlichkeiten mit der Mutter?
b. Ähnlichkeiten mit Ihnen?

9. Inwiefern fühlen Sie sich durch ein ungeborenes Kind lebenslänglich verbunden mit der betreffenden Frau?

10. Wenn andere Leute (Gäste, Nachbarn, Lehrer usw.) durchblicken lassen, dass sie Ihr Kind nicht außerordentlich finden: wem nehmen Sie's übel, dem Kind oder den Leuten? Oder der Mutter?

11. Fühlen Sie Blutsverwandtschaft?

12. Bis zu welchem Alter des Kindes?

13. Haben Sie Kinder je geschlagen? Und wenn nicht: weil Sie durch eine bessere Methode erreichten, was Sie wollten, oder aus Prinzip?

14. Wenn Sie eigene Kinder unter ihresgleichen sehen, z. B. bei einem sit-in,

haben Sie den Eindruck, dass Sie den eignen Kindern näherstehen als ihren Altersgenossen, und woraus schließen Sie das?

15. Was beglückt Sie als Vater vor allem?

16. Glauben Sie sich als Erzieher? Z. B. wenn Sie einen neuen Wagen haben und die Kinder betrachten ihn als ihr Eigentum: verweigern Sie ihnen die Benutzung des Wagens aus erzieherischen Gründen?

17. Wann fühlen Sie sich als Vater wohler:
a. allein mit dem Kind?
b. wenn die Mutter dabei ist?

18. Wenn Sie mit einer andern Frau ins Bett gehen, empfinden Sie sich dann als Vater?

19. Nimmt bei Ihnen die Väterlichkeit ab:
a. wenn das Kind selber Geld verdient?
b. wenn das Kind sich verheiratet?
c. wenn es sich herausstellt, dass das Kind mehr weiß als Sie oder geschickter ist als Sie, lebenstüchtiger usw.?

20. Was erschreckt Sie mehr: wenn die Kinder daran leiden, dass Sie ihr Vater sind, oder wenn Ihnen die Kinder von andern Leuten insgeheim besser gefallen?

21. Ist es Ihnen bewusst, dass Sie sich immer etwas anders verhalten, wenn Ihre erwachsenen Kinder zugegen sind, und was verhehlen Sie vor ihnen?

22. Warum?

23. Gesetzt den Fall, dass Sie sich der Mutter nicht mehr verbunden fühlen als Mann: überzeugt es Sie, dass Sie der Vater ihres Kindes sind?

24. Können Sie sich ohne Kinder vorstellen?

25. Ist es Ihnen schon gelungen, die eignen Kinder kennenzulernen, d. h. sie nicht als Söhne oder Töchter zu sehen?

FRAGEBOGEN IX

1. Wenn Sie sich in der Fremde aufhalten und Landsleute treffen: befällt Sie dann Heimweh oder dann gerade nicht?

2. Hat Heimat für Sie eine Flagge?

3. Worauf könnten Sie eher verzichten:
a. auf Heimat?
b. auf Vaterland?
c. auf die Fremde?

4. Was bezeichnen Sie als Heimat:
a. ein Dorf?
b. eine Stadt oder ein Quartier darin?
c. einen Sprachraum?
d. einen Erdteil?
e. eine Wohnung?

5. Gesetzt den Fall, Sie wären in der Heimat verhasst: könnten Sie deswegen bestreiten, dass es Ihre Heimat ist?

6. Was lieben Sie an Ihrer Heimat besonders:
a. die Landschaft?
b. dass Ihnen die Leute ähnlich sind in ihren Gewohnheiten, d. h., dass Sie sich den Leuten angepasst haben und daher mit Einverständnis rechnen können?
c. das Brauchtum?
d. dass Sie dort ohne Fremdsprache auskommen?
e. Erinnerungen an die Kindheit?

7. Haben Sie schon Auswanderung erwogen?

8. Welche Speisen essen Sie aus Heimweh (z. B. die deutschen Urlauber auf den Kanarischen Inseln lassen sich täglich das Sauerkraut mit dem Flugzeug nachschicken) und fühlen Sie sich dadurch in der Welt geborgener?

9. Gesetzt den Fall, Heimat kennzeichnet sich für Sie durch waldiges Gebirge mit Wasserfällen: rührt es Sie, wenn Sie in einem andern Erdteil dieselbe Art von waldigem Gebirge mit Wasserfällen treffen, oder enttäuscht es Sie?

10. Warum gibt es keine heimatlose Rechte?

11. Wenn Sie die Zollgrenze überschreiten und sich wieder in der Heimat wissen: kommt es vor, dass Sie sich einsamer fühlen gerade in diesem Augenblick, in dem das Heimweh sich verflüchtigt, oder bestärkt Sie beispielsweise der Anblick von vertrauten Uniformen (Eisenbahner, Polizei, Militär usw.) im Gefühl, eine Heimat zu haben?

12. Wie viel Heimat brauchen Sie?

13. Wenn Sie als Mann und Frau zusammenleben, ohne die gleiche Heimat zu haben: fühlen Sie sich von der Heimat des andern ausgeschlossen, oder befreien Sie einander davon?

14. Insofern Heimat der landschaftliche und gesellschaftliche Bezirk ist, wo Sie geboren und aufgewachsen sind, ist Heimat unvertauschbar: sind Sie dafür dankbar?

15. Wem?

16. Gibt es Landstriche, Städte, Bräuche usw., die Sie auf den heimlichen Gedanken bringen, Sie hätten sich für eine andere Heimat besser geeignet?

17. Was macht Sie heimatlos:
a. Arbeitslosigkeit?
b. Vertreibung aus politischen Gründen?
c. Karriere in der Fremde?
d. dass Sie in zunehmendem Grad anders denken als die Menschen, die den gleichen Bezirk als Heimat bezeichnen wie Sie und ihn beherrschen?
e. ein Fahneneid, der missbraucht wird?

18. Haben Sie eine zweite Heimat? Und wenn ja:

19. Können Sie sich eine dritte und vierte Heimat vorstellen, oder bleibt es dann wieder bei der ersten?

20. Kann Ideologie zu einer Heimat werden?

21. Gibt es Orte, wo Sie das Entsetzen packt bei der Vorstellung, dass es für Sie die Heimat wäre, z. B. Harlem, und beschäftigt es Sie, was das bedeuten würde, oder danken Sie dann Gott?

22. Empfinden Sie die Erde überhaupt als heimatlich?

23. Auch Soldaten auf fremdem Territorium fallen bekanntlich für die Heimat: wer bestimmt, was Sie der Heimat schulden?

24. Können Sie sich überhaupt ohne Heimat denken?

25. Woraus schließen Sie, dass Tiere wie Gazellen, Nilpferde, Bären, Pinguine, Tiger, Schimpansen usw., die hinter Gittern oder in Gehegen aufwachsen, den Zoo nicht als Heimat empfinden?

FRAGEBOGEN X

1. Können Sie sich erinnern, seit welchem Lebensjahr es Ihnen selbstverständlich ist, dass Ihnen etwas gehört beziehungsweise nicht gehört?

2. Wem gehört Ihres Erachtens beispielsweise die Luft?

3. Was empfinden Sie als Eigentum:
a. was Sie gekauft haben?
b. was Sie erben?
c. was Sie gemacht haben?

4. Auch wenn Sie den betreffenden Gegenstand (Kugelschreiber, Schirm, Armbanduhr usw.) ohne weiteres ersetzen können: empört Sie der Diebstahl als solcher?

5. Warum?

6. Empfinden Sie das Geld schon als Eigentum, oder müssen Sie sich dafür irgendetwas kaufen, um sich als Eigentümer zu empfinden, und wie erklären Sie es sich, dass Sie sich umso deutlicher als Eigentümer empfinden, je mehr Sie meinen, dass man Sie um etwas beneidet?

7. Wissen Sie, was Sie brauchen?

8. Gesetzt den Fall, Sie haben ein Grundstück gekauft: wie lange dauert es, bis Sie die Bäume auf diesem Grundstück als Eigentum empfinden, d. h., dass das Recht, diese Bäume fällen zu lassen, Sie beglückt oder Ihnen zumindest selbstverständlich vorkommt?

9. Erleben Sie einen Hund als Eigentum?

10. Mögen Sie Einzäunungen?

11. Wenn Sie auf der Straße stehen bleiben, um einem Bettler etwas auszuhändigen: warum machen Sie's immer so flink und so unauffällig wie möglich?

12. Wie stellen Sie sich Armut vor?

13. Wer hat Sie den Unterschied gelehrt zwischen Eigentum, das sich verbraucht, und Eigentum, das sich vermehrt, oder hat Sie das niemand gelehrt?

14. Sammeln Sie auch Kunst?

15. Kennen Sie ein freies Land, wo die Reichen nicht in der Minderheit sind, und wie erklären Sie es sich, dass die Mehrheit in solchen Ländern glaubt, sie sei an der Macht?

16. Warum schenken Sie gerne?

17. Wie viel Eigentum an Grund und Boden brauchen Sie, um keine Angst zu haben vor der Zukunft? (Angabe in Quadratmetern.) Oder finden Sie, dass die Angst eher zunimmt mit der Größe des Grundeigentums?

18. Wogegen sind Sie nicht versichert?

19. Wenn es nur noch das Eigentum gäbe an Dingen, die Sie verbrauchen, aber kein Eigentum, das Macht gibt über andere: möchten Sie unter solchen Umständen noch leben?

20. Wie viele Arbeitskräfte gehören Ihnen?

21. Wieso?

22. Leiden Sie manchmal unter der Verantwortung des Eigentümers, die Sie nicht den andern überlassen können, ohne Ihr Eigentum zu gefährden, oder ist es die Verantwortung, die Sie glücklich macht?

23. Was gefällt Ihnen am Neuen Testament?

24. Da zwar ein Recht auf Eigentum besteht, aber erst in Kraft tritt, wenn Eigentum vorhanden ist: könnten Sie es irgendwie verstehen, wenn die Mehrheit Ihrer Landsleute, um ihr Recht in Kraft zu setzen, Sie eines Tages enteignen würde?

25. Und warum nicht?

FRAGEBOGEN XI

1. Haben Sie Angst vor dem Tod und seit welchem Lebensjahr?

2. Was tun Sie dagegen?

3. Haben Sie keine Angst vor dem Tod (weil Sie materialistisch denken, weil Sie nicht materialistisch denken), aber Angst vor dem Sterben?

4. Möchten Sie unsterblich sein?

5. Haben Sie schon einmal gemeint, dass Sie sterben, und was ist Ihnen dabei eingefallen:
a. was Sie hinterlassen?
b. die Weltlage?
c. eine Landschaft?
d. dass alles eitel war?
e. was ohne Sie nie zustande kommen wird?
f. die Unordnung in den Schubladen?

6. Wovor haben Sie mehr Angst: dass Sie auf dem Totenbett jemand beschimpfen könnten, der es nicht verdient, oder dass Sie allen verzeihen, die es nicht verdienen?

7. Wenn wieder ein Bekannter gestorben ist: überrascht es Sie, wie selbstverständlich es Ihnen ist, dass die andern sterben? Und wenn nicht: haben Sie dann das Gefühl, dass er Ihnen etwas voraushat, oder fühlen Sie sich überlegen?

8. Möchten Sie wissen, wie Sterben ist?

9. Wenn Sie sich unter bestimmten Umständen schon einmal den Tod gewünscht haben und wenn es nicht dazu gekommen ist: finden Sie dann, dass Sie sich geirrt haben, d. h., schätzen Sie infolgedessen die Umstände anders ein?

10. Wem gönnen Sie manchmal Ihren eignen Tod?

11. Wenn Sie gerade keine Angst haben vor dem Sterben: weil Ihnen dieses Leben gerade lästig ist oder weil Sie gerade den Augenblick genießen?

12. Was stört Sie an Begräbnissen?

13. Wenn Sie jemand bemitleidet oder gehasst haben und zur Kenntnis nehmen, dass er verstorben ist: was machen Sie mit Ihrem bisherigen Hass auf seine Person beziehungsweise mit Ihrem Mitleid?

14. Haben Sie Freunde unter den Toten?

15. Wenn Sie einen toten Menschen sehen: haben Sie dann den Eindruck, dass Sie diesen Menschen gekannt haben?

16. Haben Sie schon Tote geküsst?

17. Wenn Sie nicht allgemein an Tod denken, sondern an Ihren persönlichen Tod: sind Sie jeweils erschüttert, d. h., tun Sie sich selbst

leid, oder denken Sie an Personen, die Ihnen nach Ihrem Hinscheiden leidtun?

18. Möchten Sie lieber mit Bewusstsein sterben oder überrascht werden von einem fallenden Ziegel, von einem Herzschlag, von einer Explosion usw.?

19. Wissen Sie, wo Sie begraben sein möchten?

20. Wenn der Atem aussetzt und der Arzt es bestätigt: sind Sie sicher, dass man in diesem Augenblick keine Träume mehr hat?

21. Welche Qualen ziehen Sie dem Tod vor?

22. Wenn Sie an ein Reich der Toten (Hades) glauben: beruhigt Sie die Vorstellung, dass wir uns alle wiedersehen auf Ewigkeit, oder haben Sie deshalb Angst vor dem Tod?

23. Können Sie sich ein leichtes Sterben denken?

24. Wenn Sie jemand lieben: warum möchten Sie nicht der überlebende Teil sein, sondern das Leid dem andern überlassen?

25. Wieso weinen die Sterbenden nie?

Drei neue Fragebogen von Max Frisch

FRAGEBOGEN XII

1. Sind Sie ein Moralist? Und wenn ja:

2. Angabe des Berufs.

3. Entscheiden Sie nach moralischen Gesichtspunkten, bevor Sie handeln, oder genügt es Ihnen, dass Sie nachträglich Ihre Handlungen moralisch rechtfertigen können?

4. Was könnten Sie sich nicht verzeihen?

5. Was bedrückt Sie mehr: ein Profit, der nach moralischen Gesichtspunkten nicht zu rechtfertigen ist, oder der Verzicht auf solchen Profit?

6. Welche Staatsmänner halten Sie für moralisch?

7. Wenn Sie erkennen, dass Sie in einer amoralischen Gesellschaft leben: befriedigt

es Sie, dass wenigstens Sie sich moralisch verhalten?

8. Was versprechen Sie sich davon?

9. Haben Sie amoralische Einfälle?

10. Wissen Sie, woher Sie die moralischen Gesichtspunkte haben, d. h., wessen Interesse die betreffende Moral schützt?

11. Wie erklären Sie es sich, dass der Staat sich auf moralische Gesichtspunkte beruft, solange er damit seine Macht sichert, andernfalls aber auf Staatsraison?

12. Genießen Sie moralische Entrüstungen?

13. Braucht die Moral eine Polizei oder umgekehrt?

14. Wenn die öffentliche Moral sich deckt mit Ihren eignen Interessen, folgern Sie daraus, dass diese Moral unbedingt ist, göttlich usw.?

15. Können Sie einen Gegner moralisch finden?

16. Haben Sie es beruflich und gesellschaftlich mit amoralischen Menschen zu tun, sodass Sie als Moralist meistens den Kürzern ziehen: finden Sie, die Moral heilige die Ohnmacht?

17. Sind Sie ein Wehrdienstverweigerer?

18. Glauben Sie, wenn Sie von Militär-Richtern verurteilt werden, an ein höheres Gericht?

19. Hat sich Ihr moralisches Verhalten gelohnt:
a. für Sie?
b. für Ihre Feinde?
c. für den Staat?

20. Gesetzt den Fall, die moralischen Gesichtspunkte würden abgeschafft: glauben Sie, dass es beispielsweise auf den Kriegsschauplätzen anders zuginge?

21. Handeln Sie moralisch:
a. weil Sie der Schwächere sind?
b. um sich selbst sympathisch zu sein?
c. weil Sie es sich leisten können?

22. Träumen Sie moralisch?

23. Gibt es Handlungen, die Sie als moralisch oder als amoralisch bezeichnen, z. B. Raub, Erpressung, Folter usw., je nachdem, wer sie begeht?

24. Was halten Sie von Feldpredigern?

25. Kommt es vor, dass Sie sich als Moralist (sei es auch nur als Moralist in Ihrem öffentlichen Denken) selbst verleidet sind?

FRAGEBOGEN XIII

1. Wie oft haben Sie schon mit Alkohol aufgehört?

2. Was verdrießt Sie am andern Tag: dass Sie gesagt haben, was Sie nie haben sagen wollen, oder dass Sie nicht mehr wissen, was Sie gesagt haben, oder die Zerstörung von Hirnzellen?

3. Wann brauchen Sie eher Alkohol?
a. in Gesellschaft?
b. wenn Sie allein sind?

4. Wenn eine Person, die es wohlmeint mit Ihnen, unauffällig die Flasche wegnimmt: sind Sie gekränkt, d. h., bestreiten Sie dann, dass Sie unter Alkohol sind, oder sind Sie unter Alkohol imstande zu verstehen, warum man Sie nicht ernst nimmt?

5. Welche Erfahrungen, die Sie unter Alkohol gemacht haben, möchten Sie keinesfalls missen?

6. Kommt es vor, dass Sie unter Alkohol sich mit einem politischen Gegner versöhnen? Und wenn ja: wie verhalten Sie sich danach?

7. Irritieren Sie die Leute, die nichts trinken?

8. Wenn es nicht ohne Alkohol geht (wenn Sie sich ein erstes Glas bewilligen und später ein zweites, ein drittes usw.): wissen Sie, warum es nicht ohne Alkohol geht, oder trinken Sie, um gerade das nicht zu wissen?

9. Wie lang beflügelt Sie der Alkohol?

10. Sind die andern unter Alkohol, Sie aber nicht (weil Sie später dazugekommen sind, weil Sie gerade eine Krankheit hindert usw.): haben Sie dann den Eindruck, dass die Leute einander näherkommen unter Alkohol?

11. Was genießen Sie unter Alkohol besonders:

a. Verbrüderung?

b. dass man Ihnen am Arsch lecken kann?

c. dass Sie von allem, was Sie sagen, völlig überzeugt sind und eine Gegenrede zwar dulden, aber nicht hören?

d. Eigenlob ohne Hemmung?

e. dass Sie sich aufrichtig fühlen, indem Sie jeder üblen Nachrede freien Lauf lassen, beflügelt durch vermeintliche Zustimmung?

f. dass Sie auch singen können?

g. dass Sie jede Frau anzufassen wagen, auch wenn sie es widerlich findet, wenn sie ihren Ekel zeigt?

h. Erlösung durch Selbstmitleid?

i. dass Sie voller Einfälle sind, d. h., dass Ihnen alles, was Sie unter Alkohol reden, wie ein Einfall vorkommt?

12. Erinnern Sie sich anderntags an Ihre lange Beichte? Und wenn ja: finden Sie dann, dass es der richtige Partner gewesen ist?

13. Neigen Sie unter Alkohol zur Schlägerei?

14. Wenn Sie mit Alkohol aufgehört haben: finden Sie das gesellige Zusammensein ergiebiger oder meistens viel zu lang?

15. Haben Sie wieder mit Alkohol angefangen:
a. um die Leute zu mögen?
b. weil Sie sonst wissen, dass Sie alles, was Ihnen in den Sinn kommt, schon öfter gesagt haben?
c. um dankbar zu sein für jeden Witz?
d. weil Sie sich nicht mögen?
e. damit Sie hin und wieder aussprechen, was auszusprechen Ihnen ein besseres Wissen verbietet?
f. weil Sie sonst an Selbstmord denken?
g. zwecks Urlaub von Geiz?
h. um Freunde nicht so genau zu sehen?
i. um ohne Erwartung auszukommen?
k. weil Sie das eigene Bewusstsein ankotzt?
l. zwecks Mut für eine Liebesnacht?
m. um nicht Nein zu sagen als Gast?
n. weil Sie der eigene Wille langweilt?
o. weil Sie schon Alkoholiker sind?

16. Ist es schon dazu gekommen, dass Sie neben einer Frau erwachen, ohne sich erinnern zu können, wie Sie dahin gelangt sind? Und wenn ja: erkannten Sie den Alkohol als einen guten Berater?

17. Wem empfehlen Sie sich zu betrinken?

18. Erinnern Sie sich an Leute, die Sie als Spießer kennen und die unter Alkohol keine Spießer sind?

19. Wie erklären Sie es sich, dass fast alle, wenn sie von einem Besäufnis berichten, sofort bemüht sind, eine lustige Geschichte daraus zu machen?

20. Lachen oder lächeln Sie dann auch?

21. Gesetzt den Fall, Sie hätten jemand auf der Straße überfahren: würden Sie den Umstand, dass Sie unter Alkohol gewesen sind, als mildernden Umstand gelten lassen?

22. Wenn Sie nicht unter Alkohol sind: fühlen Sie sich dann sicherer oder unsicherer?

23. Erinnern Sie sich an einen Einfall unter Alkohol, ein Gespräch unter Alkohol, einen Entschluss unter Alkohol usw., wovon Sie sagen können, dass sich dadurch etwas verändert hat?

24. Möchten Sie unter Alkohol sterben?

25. Haben Sie schon einmal geträumt, dass Sie betrunken seien im Traum?

FRAGEBOGEN XIV

[Fragebogen 1987]

1. Sind Sie sicher, dass die Erhaltung des Menschengeschlechts, wenn Sie und alle Ihre Bekannten nicht mehr sind, Sie wirklich interessiert?

2. Und wenn ja: warum handeln Sie nicht anders als bisher?

3. Was hat die menschliche Gesellschaft mehr verändert: eine Französische Revolution oder eine technische Erfindung, Elektronik zum Beispiel?

4. Wenn Sie bedenken, was wir der technologischen Hochrüstung heute alles verdanken, allein zum Beispiel auf dem Sektor der Küchengeräte etc., finden Sie, man soll den Technologen jedenfalls dankbar sein und also auch den Verteidigungsministern, die ihnen für ihre Forschung unsere Steuern zur Verfügung stellen?

5. Was möchten Sie, als Laie, nächstens erfunden haben? (Stichworte genügen.)

6. Können Sie sich eine menschliche Existenz (das heißt: die Erste Welt) überhaupt noch vorstellen ohne Computer?

7. Und wenn ja: packt Sie bei dieser Vorstellung das bare Grausen oder eher eine Nostalgie oder überhaupt nichts, was der Computer nicht packt?

8. Welche Geräte sind in der kurzen Zeit, seit Sie leben, auf den Markt gekommen, ohne dass seit Menschengedenken je ein Bedürfnis danach bestanden hätte (nennen Sie die Geräte ohne Angabe der Hersteller-Firma), und warum kaufen Sie diese Geräte:
a. zwecks Wirtschaftswachstum?
b. weil Sie an Reklame glauben?

9. Die Saurier überlebten 250 Millionen Jahre; wie stellen Sie sich ein Wirtschaftswachstum über 250 Millionen Jahre vor? (Stichworte genügen.)

10. Wenn ein Technologe sich als apolitisch betrachtet, weil es ihm wurscht ist, welche Macht-Inhaber seine technologischen Erfindungen sich zunutze machen: was halten Sie von demselben?

11. Gesetzt den Fall, Sie bejahen unsere vorhandene Gesellschaft, weil eine bessere nirgendwo verwirklicht ist: finden Sie, dass in einem Zeitalter der Sachzwänge, auf die sich ja die Regierenden allemal berufen, Regierungen überhaupt noch nötig sind?

12. Wenn ein Zeitgenosse zwar von Laser-Strahlen schon gehört hat, aber keine Ahnung hat, was ein Laser-Strahl ist, Hand aufs Herz: können Sie, als Wissenschaftler, die Ansichten solcher Laien und deren politische Kundgebungen ernst nehmen?

13. Glauben Sie an eine Gelehrten-Republik?

14. Wann hat die Technologie begonnen, unsere menschliche Existenz nicht mehr zu erleichtern (was ursprünglich der Zweck von

Geräten ist), sondern eine außer-menschliche Herrschaft über uns zu errichten und die Natur, die sie sich unterwirft, uns zu entwenden?

15. Halten Sie die Technomanie für irreversibel? – gesetzt den Fall, dass die Katastrophe vermeidbar sein sollte.

16. Können Sie sich eine Gesellschaft vorstellen, wo der Wissenschaftler haftbar ist für Verbrechen, die erst dank seiner Erfindung möglich geworden sind, eine Theokratie zum Beispiel?

17. Gesetzt den Fall, Sie bejahen nicht nur die vorhandene Gesellschaft, sondern Sie antworten mit Tränengas, wenn jemand sie in Frage stellt: fürchten Sie nicht, dass der Mensch ohne die große Utopie unweigerlich verdummt, oder fühlen Sie sich grad deswegen so postmodernwohl?

18. Wie stehen Sie heute, angesichts der technischen Machbarkeit der Apokalypse, zu

der biblischen Metapher mit dem verbotenen Apfel vom Baum der Erkenntnis:
a. glauben Sie an Freiheit der Forschung?
b. halten Sie es mit dem Papst, der dem Galilei verbietet, dass die Erde sich um die Sonne drehe?

19. Wenn es Ihnen um die Erfindung eines Gerätes geht, das öffentliche Lügen unmöglich macht: wen können Sie sich als Geldgeber für Ihre kühne Forschung denken?

20. Was möchten Sie nicht erfunden haben?

21. Kommt es vor, dass eine technologische Erfindung, wenn sie einmal zur Ausführung gelangt ist, sich einer Anwendung verweigert, die nicht der Sinnesart ihrer Erfinder entspricht?

22. Können Sie sich denken, dass der menschliche Geist, den wir schulen, im Grund auf Selbstvernichtung der Spezies angelegt ist?

23. Was, außer Wunschdenken, spricht dagegen?

24. Wissen Sie, was Sie zum Forschen treibt?

25. Glauben Sie, als Wissenschaftler, an eine mündige Technologie, das heißt: an technische Forschung im Rahmen einer UNIVERSITAS HUMANITATIS, zu deutsch: glauben Sie an eine Technische Universität in Berlin?

Textgrundlage und Textgestalt

Die FRAGEBOGEN I-XI folgen der Ausgabe Max Frisch, Fragebogen, Frankfurt/M.: Suhrkamp 1992 (Bibliothek Suhrkamp 1095). Sie wurden der neuen deutschen Rechtschreibung angepasst.

Der FRAGEBOGEN XII stammt aus dem Typoskript *Tagebuch II / 1966-1971*, das im Max Frisch-Archiv an der ETH-Bibliothek in Zürich aufbewahrt wird. Es ist in vier »Hefte« gegliedert und umfasst rund 650 Blatt. Der Fragebogen ›Moral‹ findet sich in »Heft 3« (1970), unmittelbar vor dem Text »ALBUM« (GW VI, S. 302-311). Im Unterschied zum Fragebogen ›Alkohol‹ hat Frisch den Fragebogen ›Moral‹ bis kurz vor der Drucklegung zur Publikation vorgesehen, ihn dann aber – wie viele andere Passagen – in der Korrekturphase gestrichen. Die vorliegende Ausgabe gibt den Fragebogen in der Fassung der von Max Frisch am 14. Januar 1972 signierten »Autor-Korrektur« wieder. Dort folgt er auf einen kurzen Text aus dem Jahr 1970, der mit »BERZONA« überschrieben ist (GW VI, S. 292-293).

Änderungen gegenüber der »Autor-Korrektur«:
Alle »daß« bzw. »sodaß« zu »dass« bzw. »sodass«
XII, 10: Komma nach »d. h.« eingefügt
XII, 23: »jenachdem« zu »je nachdem« und danach ein Komma eingefügt

Der FRAGEBOGEN XIII entstammt ebenfalls dem Typoskript *Tagebuch II / 1966-1971*. Er findet sich in »Heft 4«, zeitlich ist er Anfang 1971 einsortiert. Unmittelbar vor dem Fragebogen gibt es im Typoskript einen Text aus New York, überschrieben mit »ALCOHOLICS ANONYMOUS«. Dieser Text steht auch in der Buchfassung (GW VI, S. 344-345), während der Fragebogen nicht übernommen wurde.

Änderungen gegenüber dem Typoskript:

XIII, 2: »verdriesst« zu »verdrießt«
XIII, 4: Komma nach »d. h.« eingefügt und »ernstnimmt« zu »ernst nimmt«
XIII, 9: »Wielang« zu »Wie lang«
XIII, 10: »näher kommen« zu »näherkommen«
XIII, 11: »geniessen« zu »genießen«
XIII, 11 g: »Eckel« zu »Ekel«
XIII, 11 i: Komma nach »d. h.« eingefügt
XIII, 18: »Spiesser« zu »Spießer« (zweimal)
XIII, 19: »Sie« zu »sie« (»fast alle, wenn sie von einem Besäufnis berichten«)
XIII, 21: »Strasse« zu »Straße«

Der FRAGEBOGEN XIV war ursprünglich Teil einer Dankesrede, die Max Frisch am 29. Juni 1987 anlässlich der Verleihung einer Ehrendoktorwürde der Technischen Universität Berlin hielt. Im Max Frisch-Archiv finden sich vier Typoskriptfassungen dieser Rede. Der herausgelöste Fragebogen wurde mehrfach unter dem Titel »Fragebogen 1987« veröffentlicht, unter anderem in *Monatshefte für deutschen Unterricht, deutsche Sprache und Literatur* (Bd. 79, Nr. 4, Winter 1987, S. 421-423) sowie in der Zeitschrift *ndl – Neue Deutsche Literatur. Monatsschrift für Literatur und Kritik* (Jg. 37, Nr. 12, Dezember 1989, S. 5-6). In der *ndl*-Publikation wurde auf die Frage 25 des Fragebogens, die sich direkt auf die Technische Universität Berlin bezieht, verzichtet.

Der vorliegende Text folgt dem Erstdruck in der Schweizer Zeitschrift *Einspruch* (Max Frisch, »Fragebogen 1987«, in: *Einspruch. Zeitschrift der Autoren*, hrsg. von Alexander J. Seiler und Bruno Schärer, Nr. 4, August 1987, S. 1-3). Aus Gründen der Homogenität wurden einige wenige Anpassungen im Text vorgenommen, unter anderem wurde das schweizerische -ss- in -ß- umgewandelt und das Wort »Frage« vor den Nummerierungen weggelassen.

Nachwort

Die Fragebogen von Max Frisch gehören zu seinen populärsten Texten. Bis heute treffen sie einen Nerv und sind untrennbar mit dem Namen des Schweizer Autors verbunden. Es sind offene Fragen zu den großen Themen der menschlichen Existenz, aber sie zielen immer auf einen wunden Punkt: Sie zwingen dazu, sich selbst zu hinterfragen und einen Schritt von den Forderungen des Alltags zurückzutreten.

Inwieweit sich die Fragen überhaupt beantworten lassen, sei dahingestellt. Max Frisch selbst scheint es sich nicht zugetraut zu haben. Als er 1974 in einem Interview mit seinen eigenen Fragen konfrontiert wurde, antwortete er jedenfalls: »Diese Fragen, auf die Sie sich beziehen, sind natürlich hinterhältige Fragen, Fragen, die ich nicht beantworten könnte und zu deren Beantwortung ich auch andere nicht forcieren möchte. Meine Absicht war es nur, auf sie aufmerksam zu machen.«[1]

Die Fragebogen von Max Frisch stammen aus dem *Tagebuch 1966-1971*. Man muss sie zunächst einmal in diesem Kontext sehen: In einer Zeit, in der Politiker und Intellektuelle lautstark Lager bildeten, baute Frisch auf die Kraft des Fragezeichens und setzte es pointiert auch in öffentlichen Äußerungen ein: »Wie wollen wir regiert

1 Max Frisch, »Wie Sie mir auf den Leib rücken!«. Interviews und Gespräche, hrsg. von Thomas Strässle, Berlin: Suhrkamp 2017, S. 79-80.

werden?«, fragte er 1968, »Die Schweiz als Heimat?«, hieß eine berühmte Rede von 1974, und 1976 stellte er die Frage: »Haben wir eine demokratische Öffentlichkeit?«

Die anhaltende Popularität der Fragebogen von Max Frisch verdankt sich vor allem einer Ausgabe, die ab 1992 posthum im Suhrkamp Verlag erschien und immer wieder aufgelegt wurde. Die erste Edition, die die Fragebogen aus ihren Kontexten herauslöste, um sie gesondert zu veröffentlichen, stammte jedoch vom Ostberliner Verlag Volk und Welt: Ende 1987, noch zu Lebzeiten des Autors, brachte er ein »Lederbändchen« mit dem Titel *Fragebögen 1966-1971* heraus, das eine Sammlung von elf Fragebogen enthielt. Es war als »Neujahrsgabe« gedacht, konnte aber in sehr begrenzter Anzahl auch käuflich erworben werden. Max Frisch, der zum Verlag Volk und Welt enge Beziehungen hatte, bedankte sich brieflich und brachte seine Freude über das Büchlein zum Ausdruck, das nicht viel größer als eine Streichholzschachtel war.[2]

Schon die zeitgenössischen Leserinnen und Leser fühlten sich zu Reaktionen auf Frischs Fragebogen aufgefordert. Sie schickten dem Autor sehr persönliche Antworten oder entwarfen eigene Fragebogen, mit denen sie Max Frisch konfrontierten. Zeitungen und andere

2 Vgl. dazu die Korrespondenz zwischen Verlag (Jürgen Gruner und Dietrich Simon) und Autor (Max Frisch-Archiv [= MFA], Briefe vom 21.1.1988 und 9.2.1988).

Medien entwickelten ganze Formate auf Grundlage der Fragebogen: Sie griffen einzelne Fragen heraus und sammelten die Antworten ihrer Leserschaft, oder sie nutzten einen ganzen Fragebogen als Grundlage für ein Interview. Frischs Fragen fanden ihren Weg sogar auf die Theaterbühne, sie wurden illustriert und an Häuserwände gesprüht. Nicht zuletzt sind es die sozialen Medien, auf denen sie heute geteilt, variiert und kommentiert werden. Die Fragebogen sind Literatur und gehen gleichzeitig über die Literatur hinaus: Aus der stillen Lektüre entwickelten sie sich zum Teil eines größeren gesellschaftlichen Gesprächs.

Die Popularität seiner Fragebogen konnte Frisch selbst erleben, und es erstaunt nicht, dass er dazu wiederum ein skeptisches Verhältnis entwickelte. Als 1973 ein Abend zu Ehren von Bertolt Brecht veranstaltet wurde, beabsichtigte Frisch, sich mit einem Brecht-Fragebogen zu beteiligen. Doch der Versuch scheiterte schon am Schreibtisch. Er wolle nicht, dass aus den Fragebogen »eine Masche« werde, schrieb er an seinen Verleger Siegfried Unseld.[3] Erst im Jahr 1987, anlässlich der Verleihung der Ehrendoktorwürde der Technischen Universität Berlin, verfasste Max Frisch noch einmal einen Fragebogen. Er adressierte zunächst ein ganz konkretes Publikum, die Zuhörerschaft im Auditorium der TU Ber-

3 Brief an Siegfried Unseld vom 31.12.1972 (Durchschlag, MFA).

lin, ProfessorInnen und Studierende. Die Fragen zielten deutlich auf die Anwesenden, wiesen aber zugleich über sie hinaus. Frisch spricht in diesem Fragebogen eine Gesellschaft an, in der ein Leben jenseits der Technik und jenseits des Computers gar nicht mehr vorstellbar ist. Und er stellt Fragen, die an Brisanz nichts verloren, sondern eher gewonnen haben: »Wenn es Ihnen um die Erfindung eines Gerätes geht, das öffentliche Lügen unmöglich macht: wen können Sie sich als Geldgeber für Ihre kühne Forschung denken?«

Die beiden Fragebogen zu Moral und Alkohol, die im vorliegenden Band erstmals publiziert werden, hatte Max Frisch ursprünglich für das *Tagebuch 1966-1971* vorgesehen, doch entschied er sich – wohl auf Anraten seines Verlegers – gegen eine Veröffentlichung. In Siegfried Unselds Reisebericht vom September 1971, der ein Treffen mit Max Frisch in dessen Tessiner Haus in Berzona dokumentiert, heißt es:

> Neu ist eine Erfindung, der sogenannte »Fragebogen«. Hier provoziert Frisch in spielerischer Weise den Leser. Wir haben lange über die Anlage dieser Fragebögen gesprochen, ich habe meine Bedenken geäußert gegen den Fragebogen Hoffnung bzw. Moral; der Fragebogen dünkte mir theoretisch unzulänglich. Am Fragebogen Freundschaft hatte ich Ergänzungsvor-

lieren. Festzuhalten bleibt, dass Frisch in diesem Fragebogen schonungslos anspricht, was jahrzehnte-, wenn nicht jahrhundertelang gesellschaftlich gebilligt wurde: Alkohol als Mittel einer insbesondere männlichen Grenzüberschreitung, die Normen verletzt, Unfalltote in Kauf nimmt und bis zum sexuellen Übergriff reicht. Die drastische Wortwahl in einigen Fragen führt zu einem virulenten Problem unserer Gesellschaft, dessen Ausmaß und Aktualität durch die #MeToo-Debatte überhaupt erst eine Gestalt und Sprache bekommen hat.

Mit dem vorliegenden Band wird die seit 1992 im Suhrkamp Verlag erscheinende Fragebogen-Ausgabe um die Fragebogen ›Moral‹, ›Alkohol‹ und ›Technik‹ ergänzt. Damit liegt erstmals eine vollständige Sammlung aller Fragebogen von Max Frisch vor.

Tobias Amslinger und Thomas Strässle

> schläge, den Fragebogen Alkohol lehnte ich ab. Zum Thema Frauen und Ehe gäbe es unzählige Fragen anzufügen, schließlich schlug ich ihm neu den Fragebogen Spiel vor. Es sind jetzt neun Fragebögen, mehr als zehn sollen es keinesfalls werden.[4]

Es sind dann im 1972 veröffentlichten *Tagebuch 1966-1971* tatsächlich nicht mehr als zehn geworden, aber schon wenige Jahre später nahm Frisch in seinen *Gesammelten Werken in zeitlicher Folge* von 1976 einen Fragebogen (den Fragebogen VIII zum Thema Vaterschaft) wieder auf, den er zuvor aus den Korrekturfahnen gestrichen hatte. Die Sammlung seiner Fragebogen war für ihn kein feststehendes Konvolut.

Die theoretische Unzulänglichkeit, die Unseld am Moral-Fragebogen monierte, verweist auf eine zeittypische Theorieversessenheit: Um 1968, als man kritisch über ›Theorie‹ diskutierte, mussten Frischs Fragen eher zeitfern wirken. Aus heutiger Sicht sind sie in ihrer Zuspitzung geradezu entwaffnend: »Braucht die Moral eine Polizei oder umgekehrt?«

Während der Fragebogen ›Moral‹ vom Autor überarbeitet und erst kurz vor dem Druck gestrichen wurde, fand der Fragebogen ›Alkohol‹ keinen Eingang in die Korrekturfahnen. Über die Gründe lässt sich nur speku-

4 Siegfried Unseld, Chronik, hrsg. von Raimund Fellinger, Bd. 2 (1971), Berlin: Suhrkamp 2014, S. 280-281.